Marion Dawidowski

Schutzengel
aus Holz & Draht

CREATIV COMPACT

CHRISTOPHORUS

Inhalt

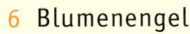

Ein lieber Gartenengel mit Blume, Amor mit Pfeil und roten Herzen, kleine Engelchen mit lockigem Haar und Himmelsboten mit Sternen. Der Geburtstagsengel wünscht alles Gute und der Blumenengel verspricht: „Bin bei dir!" Mit den Ideen in diesem Buch können Sie für Freunde und Verwandte wunderschöne Schutzengel selbst anfertigen. Ob als Kantenhocker fürs Regal, als Willkommensschild an der Haustür oder als Anhänger für den Schulranzen – diese bezaubernden Begleiter für den Alltag erfreuen Groß und Klein.

Alle Engel sind leicht nachzuarbeiten. Einfach aus Holz aussägen und mit Acrylfarben, Alu-Blech und Draht schön gestalten.

Viel Spaß beim Basteln und viel Freude mit Ihren Schutzengeln wünscht Ihnen

M. Dawidowski

Material & Technik

Das Holz

Für die Engel in diesem Buch wurde überwiegend das weiche Pappelsperrholz verwendet. Es lässt sich leicht bearbeiten und ist in Baumärkten oder Tischlereien erhältlich. Bei Modellen mit 20 mm Materialstärke leimen Sie einfach zwei Stücke von 10 mm Stärke aufeinander. Sollen die Engel im Außenbereich eingesetzt werden, wasserfest verleimtes Sperrholz verwenden.

Die Laubsäge

Zur Grundausstattung der Laubsäge gehört der Laubsägebogen, der Sägetisch mit Schraubklemme und Sägeblätter. Für Holzstärken ab 10 mm ist eine elektrische Dekupiersäge besser geeignet. Diese gibt es in verschiedenen Ausführungen in Werkzeugfachgeschäften oder Baumärkten. Die Sägeblätter immer mit den Zacken nach unten und vom Sägebogen wegzeigend einsetzen. Sie werden so gespannt, dass sie bei Gegendruck nur leicht nachgeben.

Die Farben

Die Modelle mit Acryl-Mattfarben (z. B. von C. Kreul) bemalen. Diese Farben sind mit Wasser verdünnbar und nach dem Trocknen wasserfest. Einige Motivteile werden mit Krakelier-Lack behandelt, um besondere Effekte zu erzielen. Für den Außenbereich ist ein Überziehen mit wetterfestem Klarlack nötig.

Hilfsmittel & Werkzeuge

Transparentpapier, ein Bleistift und Kohlepapier zum Übertragen der Vorlagen. Schraubzwingen, eine Bohrmaschine, Holzbohrer in verschiedenen Durchmessern (an der Zentrierspitze zu erkennen), Schmirgelpapier (Körnung 150) und Holzleim für die Ausarbeitung der Modelle. Flachpinsel Nr. 12 und feine, spitze Pinsel Nr. 2 und 6 für die Bemalung. Seitenschneider und Spitzzange für die Drahtelemente. Drahtspiralen biegen Sie um einen Pinselstiel oder Stift. Diese Hilfsmittel werden für alle Modelle benötigt und deshalb in den einzelnen Anleitungen nicht mehr extra aufgeführt.

Übertragen der Vorlagen

Die Vorlage auf Transparentpapier abpausen und auf das Holz legen. Einen Bogen Kohlepapier dazwischen schieben und alle Linien nachzeichnen.

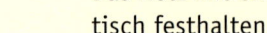

Aussägen der Motive

Das Holz mit einer Hand auf dem Sägetisch festhalten, mit der anderen Hand

den Laubsägebogen führen. Dabei nur leichten Druck gegen das Holz ausüben. Beim Sägen von engen Kurven oder spitzen Winkeln den Sägespalt auf der Stelle etwas breiter sägen, dann das Holz in die neue Richtung drehen. Bei Dekupiersägen etwas Presspappe unter das Holz legen, dieses franst dann auf der Unterseite weniger aus.

Bohren & schmirgeln

Alle nötigen Bohrungen sind auf dem Vorlagebogen markiert. Kreuze markieren Bohrungen, die von der Fläche durch das Material hindurchgehen. Die mit einem Pfeil gekennzeichneten Bohrungen führen seitlich in das Holz. Beim Durchbohren von Holz immer einen Holzrest unterlegen, damit die Rückseite nicht ausfranst. Alle Flächen und Kanten mit Schmirgelpapier glätten. Dabei von der Fläche zur Kante hin schmirgeln. Den feinen Staub mit einem Tuch abwischen.

Die Holzverbindungen

Um Holzteile flächig aufeinander zu setzen, eine Seite dünn und ganzflächig mit Leim bestreichen, das Holzteil platzieren und beide mit Schraubzwingen zusammenpressen. Werden Holzteile mit ihrer Kante auf eine Fläche gesetzt,

verbindet man sie mit Dübeln oder Stiftnägeln. Die Stiftnägel zunächst bis zur Hälfte in die Holzkante einschlagen, die Nagelköpfe abkneifen (Schutzbrille tragen!), Leim auf die Holzkante auftragen und diese auf die Holzfläche drücken.

Maltechniken

Krakelier-Lack: Das Holz in einer Farbe grundieren (in der Anleitung jeweils angegeben), die einen Kontrast zum Endfarbton bildet. Farbe trocknen lassen, dann Krakelier-Lack dünn und gleichmäßig verstreichen und nach Herstellerangaben etwa 3 – 4 Stunden trocknen lassen. Den gewünschten Farbton auftragen, dabei nicht mehrmals über eine Stelle streichen.

Stempeln: Aus Moosgummi die gewünschten Formen ausschneiden und auf einen Holzrest (als Griff) kleben. Etwas Farbe mit dem Pinsel dünn auftragen und zur Probe auf einen Papierrest stempeln, um überschüssige Farbe abzunehmen. Dann stempeln.

Wachsmalstift: Für das Wangenrot der Figuren einen Stofflappen um den Finger legen und damit erst über einen Wachmalstift und dann über das Holz reiben.

Blumenengel

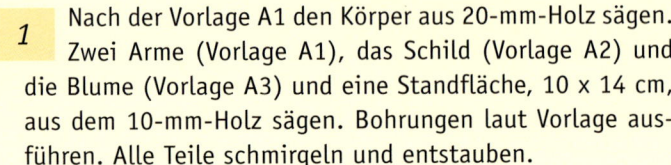

Material

- Sperrholz, 20 mm,
  11 x 22 cm
- Sperrholz, 10 mm,
  14 x 24 cm
- Alu-Blech, 0,2 mm,
  7 x 15 cm
- Acrylfarben in Weiß, Beige,
  Gelb, Hellgrün, Schwarz
- Acryl-Glanzlack in Aprikose
- Krakelier-Lack
- Alu-Draht, 2 mm Ø
- Blumendraht, verzinkt
- 2 Stiftnägel, 0,8 x 11 mm
- Sisalkordel
- Kleine Zweige
- Lackstift in Schwarz
- Bohrer, 2 mm Ø

Vorlagen A1 – A3

Größe: 32 cm

1 Nach der Vorlage A1 den Körper aus 20-mm-Holz sägen. Zwei Arme (Vorlage A1), das Schild (Vorlage A2) und die Blume (Vorlage A3) und eine Standfläche, 10 x 14 cm, aus dem 10-mm-Holz sägen. Bohrungen laut Vorlage ausführen. Alle Teile schmirgeln und entstauben.

2 Die Blume und das Kleid des Engels in Beige grundieren. Den Krakelier-Lack nach der Anleitung auf Seite 5 auftragen. Alle Teile bemalen, den Schriftzug mit dem Lackstift auftragen.

3 Aus dem Alu-Blech den Flügel (Vorlage A1) ausschneiden und mit einem Nagel die Bohrungspunkte durchstechen. Arme und Flügel in einem Schritt befestigen. Die Stiftnägel in die Fußsohlen einschlagen, die Nagelköpfe abkneifen (Schutzbrille tragen!) und den Engel mit Leim auf die Standfläche drücken.

4 Einige etwa 10 cm lange Kordelstücke mit einem Draht bündeln und die Drahtenden in die Bohrung am Kopf kleben. Ein Stück Draht durch die Bohrung der Hand ziehen, die Enden um einen Stift wickeln und das Schild anhängen. Ebenfalls einige Zweige befestigen.

5 Alu-Draht, 40 cm lang, in die Bohrung der Blüte kleben, nach 4 cm eine Schlaufe als Blatt formen und den Stiel durch die Bohrung der Hand führen. Mit Kleber fixieren.

Kleine Engel

Material

(für zwei Engel)

- Sperrholz, 10 mm,
  6 x 12 cm
- 2 Holzkugeln, je 25 mm Ø
- 2 Dübel, 6 mm Ø
- 8 Halbperlen in Schwarz,
  je 12 mm Ø
- 2 Stiftnägel, 0,8 x 11 mm
- Alu-Blech, 0,2 mm,
  8 x 10 cm
- Blumendraht, verzinkt
- Sisalkordel
- 4 Knöpfe in Weiß,
  8 mm Ø
- Acrylfarben in Weiß,
  Koralle, Flieder, Schwarz
- Krakelier-Lack
- Bohrer, 2 mm Ø, 6 mm Ø

Vorlage B

Motivgröße: 12 cm je Engel

1 Zwei Körper nach der Vorlage B aus dem Holz sägen. Bei einem Engel die Bohrungen für die Beine von vorne in den Körper bohren, bei dem anderen von unten in die Kante. Für Arme und Beine mit dem 2-mm-Bohrer, für den Kopf mit dem 6-mm-Bohrer arbeiten. Die Kanten schmirgeln.

2 Die Körper jeweils in Flieder und Koralle grundieren, den Krakelier-Lack nach der Anleitung auf Seite 5 auftragen. Die Farben mit Weiß aufhellen und damit die Körper übermalen.

3 Die Holzkugeln als Köpfe mit den Dübeln befestigen. Die Gesichter malen und kleine Drahtspiralen als Haare fixieren.

4 Aus dem Alu-Blech nach der Vorlage B die Flügel zuschneiden und mit den Stiftnägeln (mit dem Seitenschneider kürzen, Schutzbrille tragen!) am Rücken fixieren.

5 Von der Sisalkordel für die Arme 4 cm lange Stücke und für die Beine 6 cm lange Stücke schneiden. Jeweils ein Ende in die Körperbohrung kleben, auf das andere Ende eine Halbperle kleben. Die Knöpfe fixieren.

Gartenengel

Material

- Sperrholz, 10 mm, 13 x 26 cm
- Sperrholz, 6 mm, 13 x 16 cm
- Alu-Blech, 0,2 mm, 17 x 18 cm
- Acrylfarben in Weiß, Beige, Goldgelb, Grün, Rot, Braun
- Patina in Altsilber
- Krakelier-Lack
- Pluster-Pen in Grün
- 1 Teelöffel feinen Sand
- 6 Stiftnägel, 0,8 x 11 mm
- Blumendraht in Schwarz
- Schwamm
- Bohrer, 2 mm Ø

Vorlagen C1 – C3

Motivgröße: 28 cm

1 Den Körper (Vorlage C1) aus 10-mm-Sperrholz sägen, die Arme (Vorlage C2) und das Schild (Vorlage C3) aus 6-mm-Sperrholz. Die Bohrungen laut Vorlage ausführen und alle Teile schmirgeln.

2 Den Flügel (Vorlage C1) aus dem Alu-Blech schneiden und die in der Vorlage markierten Stellen mit einem Nagel durchstechen.

3 Für die Haare aus dem Alu-Blech drei Streifen, je 1 cm breit, von 16 cm, 13 cm und 10 cm Länge schneiden. Zuerst den längeren Streifen um den Kopf legen und jeweils 2 cm vom Ende mit einem Stiftnagel fixieren. Anschließend den mittleren Streifen, dann den kurzen genauso befestigen. Die Enden der Streifen um einen Pinselstiel zu Locken drehen.

4 Das Schild in Krakeliertechnik bemalen (Anleitung Seite 5) und anschließend mit dem Pluster-Pen beschriften. Körper und Arme des Engels mit Acrylfarbe bemalen.

5 Für den Rosteffekt den Flügel und die Haare in Rot-Braun grundieren, dabei etwas feinen Sand einstreuen. Nach dem Trocknen mit einem Schwamm die Patina in Altsilber unregelmäßig auftupfen. Zum Schluss noch einmal stellenweise etwas Braun-Beige auftupfen.

6 Arme und Flügel mit Draht am Körper befestigen. Das Schild mit Draht an die Hände hängen. Ein längeres Stück Draht an einigen Stellen um einen Stift zu Spiralen wickeln und als Aufhängung an den Flügelspitzen befestigen.

„Alles Gute"

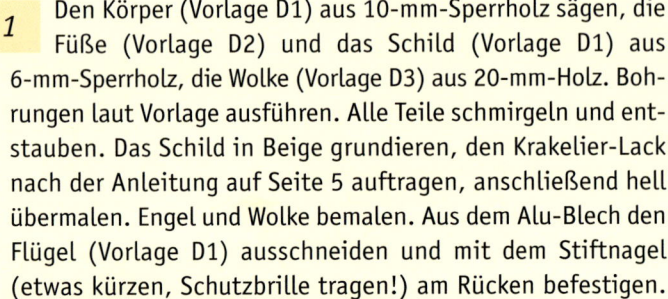

Material

- Sperrholz, 20 mm, 11 x 15 cm
- Sperrholz, 10 mm, 9 x 15 cm
- Sperrholz, 6 mm, 5 x 7 cm
- Alu-Blech, 0,2 mm, 10 x 10 cm
- Blumendraht, verzinkt
- Alu-Draht, 2 mm, 12 cm
- 1 Stiftnagel, 0,8 x 11 mm
- Acrylfarben in Weiß, Beige, Pastellblau, Rot, Schwarz
- Krakelier-Lack
- Lackstift in Schwarz
- Sisalkordel
- Motivlocher „Stern"
- 1 Teelicht
- Bohrer, 2 mm Ø, 40 mm Ø (siehe Tipp)

Vorlagen D1 – D3

Motivgröße: 20 cm

1 Den Körper (Vorlage D1) aus 10-mm-Sperrholz sägen, die Füße (Vorlage D2) und das Schild (Vorlage D1) aus 6-mm-Sperrholz, die Wolke (Vorlage D3) aus 20-mm-Holz. Bohrungen laut Vorlage ausführen. Alle Teile schmirgeln und entstauben. Das Schild in Beige grundieren, den Krakelier-Lack nach der Anleitung auf Seite 5 auftragen, anschließend hell übermalen. Engel und Wolke bemalen. Aus dem Alu-Blech den Flügel (Vorlage D1) ausschneiden und mit dem Stiftnagel (etwas kürzen, Schutzbrille tragen!) am Rücken befestigen.

2 Mit dem Motivlocher neun Sterne aus dem Alu-Blech stanzen. Zwei Spiralen aus dem Blumendraht um einen Stift wickeln, je zwei Sterne gegeneinander kleben und eine Spirale zwischenfassen. Die Enden der Spirale in die Bohrung der Wolke kleben. Mit den übrigen Sternen Kleid und Wolke verzieren. Den Alu-Draht in zwei Teile schneiden und diese als Beine in Körper und Füßen fixieren. Den Engel mit den Füßen auf die Wolke leimen. Für die Haare einige 10 cm lange Stücke der Sisalkordel mit einem Stück Draht bündeln, die Drahtenden in die Bohrung am Kopf kleben und die Kordel etwas aufzwirbeln.

Tipp

Um die teure Anschaffung eines 40-mm-Bohrers für Teelichter zu umgehen, können Sie stattdessen einen Kreis mit 40 mm Durchmesser aus dem Modell heraussägen und einen gleich großen Kreis aus dünnerem Holz einleimen.

Himmelsbotin

Material

- Sperrholz, 20 mm,
  10 x 14 cm
- Sperrholz, 10 mm,
  17 x 27 cm
- Sperrholzrest, 4 mm,
  5 x 6 cm
- 1 Holzkugel, 45 mm Ø
- Acrylfarben in Weiß,
  Beige, Gelb, Orange,
  Himmelblau, Enzianblau,
  Schwarz
- Krakelier-Lack
- Blumendraht in Schwarz
- Sisalschnur
- Bohrer, 2 mm Ø

Vorlagen E1, E2

Motivgröße: 25 cm

1 Den Körper aus 20-mm-Holz (Vorlage E1), Flügel, Rock und Füße (Vorlage E1) aus 10-mm-Holz sägen. Den Stern (Vorlage E2) aus 4-mm-Sperrholz sägen. Die Bohrungen mit dem 2-mm-Bohrer ausführen. Alle Teile schmirgeln.

2 Die Holzkugel in der Mitte spalten und eine Hälfte als Gesicht aufleimen.

3 Das Flügelteil in Beige grundieren, nach dem Trocknen Krakelier-Lack auftragen, nach Herstellerangaben trocknen lassen und hell überstreichen (Anleitung Seite 5). Den Engel bemalen.

4 Flügel und Rock mit Leim am Körper des Engels platzieren. Füße mit Blumendraht anhängen. Ein Stück Blumendraht durch den Stern fädeln, beide Enden kringeln und ein Ende in der Bohrung der Hand befestigen.

5 Einige 17 cm lange Stücke der Sisalschnur in der Mitte zusammenbinden, als Frisur aufkleben, auseinander drehen und zurechtschneiden.

6 Aus Blumendraht einen Kreis mit Stiel biegen und als Aufhängung am Kopf fixieren.

Tipp

Der Engel kann auch als Kantenhocker verwendet werden.

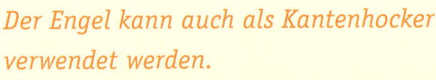 

Material

- Sperrholz, 10 mm, 7 x 13 cm
- Sperrholz, 3 mm, 10 x 13 cm
- Acrylfarben in Weiß, Gelb, Enzianblau, Pastellblau, Schwarz
- Krakelier-Lack
- Alu-Draht, 2 mm Ø
- Blumendraht, verzinkt
- Bohrer, 2 mm Ø
- Heißkleber

Vorlagen F1, F2

Motivgröße: 16 cm

1 Den Körper des Engels und die Füße nach der Vorlage F1 aus dem 10-mm-Holz sägen. Nach der Vorlage F1 die Arme und den Flügel, nach der Vorlage F2 den Stern aus 3-mm-Holz arbeiten. Die Bohrungen laut Vorlage ausführen. Alle Teile schmirgeln und entstauben.

2 Den Hosenanzug in Pastellblau grundieren, den Krakelier-Lack nach der Anleitung auf Seite 5 auftragen. Anschließend mit Enzianblau-Weiß übermalen. Gesicht, Arme, Flügel und den Stern bemalen.

3 Vom Alu-Draht zwei 1,5 cm lange Stücke als Beine in die Bohrungen am Körper kleben und die Füße aufstecken. Arme und Flügel mit Leim befestigen. Alu-Draht, 12 cm lang, mit Heißkleber an den Stern kleben und dem Engel in die Hand geben.

4 Aus Blumendraht drei kleine Spiralen um einen Stift wickeln und als Haare in die Bohrung am Kopf kleben. Ein längeres Stück Draht als Aufhängung an den Bohrungen des Flügels befestigen.

„Willkommen"

Material

- Sperrholz, 10 mm, 12 x 18 cm
- Sperrholz, 6 mm, 7 x 8 cm
- Acrylfarben in Weiß, Beige, Gelb, Flieder, Rot, Schwarz
- Krakelier-Lack
- Moosgummirest für Stempel
- 1 Stecknadel
- Lackstift in Schwarz
- Blumendraht in Schwarz
- Kleine Zweige
- Bohrer, 2 mm Ø

Vorlagen G1 – G3

Motivgröße: 17 cm

1 Den Körper (Vorlage G1) und das Schild (Vorlage G2) aus dem 10-mm-Holz sägen, zwei Arme (Vorlage G1) und einen Stern (Vorlage G3) aus dem 6-mm-Holz. Die Bohrungen laut Vorlage ausführen. Alle Teile schmirgeln und entstauben.

2 Das Schild in Beige grundieren und den Krakelier-Lack nach der Anleitung auf Seite 5 auftragen. Anschließend hell übermalen, den Schriftzug mit dem Lackstift auftragen.

3 Aus dem Moosgummi einen Stempel zuschneiden, die Stecknadel als Griff einstechen und Muster aufstempeln (Anleitung Seite 5). Engel und Stern bemalen.

4 Beide Arme mit einem Draht am Körper befestigen. Aus Blumendraht eine Spirale um einen Stift wickeln, ein Ende in die Bohrung am Stern kleben, das andere Ende an der Hand befestigen.

5 Für die Haare die Zweige mit einem Stück Draht bündeln und die Drahtenden in die Bohrung am Kopf kleben.

6 Engel und Schild mit zwei Drahtspiralen an den Bohrungen verbinden. Die Enden einer Drahtschlaufe als Aufhängung in die obere Bohrung des Schildes kleben.

Liebesengel

Material

- Sperrholz, 10 mm,
  5 x 11 cm
- Sperrholz, 6 mm, 6 x 10 cm
- Sperrholz, 3 mm, 4 x 8 cm
- Alu-Blech, 0,2 mm,
  4 x 9 cm
- Acrylfarben in Weiß, Rot,
  Schwarz
- 1 Stiftnagel, 0,8 x 11 mm
- 1 Ringschraube, 3 x 6 mm
- Alu-Draht, 2 mm Ø
- Blumendraht, verzinkt
- Perlonschnur, 45 cm
- Bohrer, 2 mm Ø
- Heißkleber

Vorlagen H1 – H5

Motivgröße: 12 cm

1 Nach Vorlage H1 den Körper aus 10-mm-Holz sägen, zwei Arme, zwei Füße (Vorlage H1) und zwei Herzen nach Vorlage H2 aus 6-mm-Holz. Acht kleine Herzen nach Vorlage H3 aus dem 3-mm-Holz sägen. Die Bohrungen laut Vorlage ausführen. Alle Teile schmirgeln, entstauben und bemalen.

2 Jeweils beide Arme und Beine mit einem Draht am Engel befestigen. Eine kleine Drahtspirale um einen Stift wickeln und als Haarlocke am Kopf einkleben. Aus dem Blech nach Vorlage H4 den Flügel schneiden und mit dem Stiftnagel auf dem Rücken fixieren. Die Ringschraube hinter dem Flügel in den Rücken schrauben.

3 Pfeil und Bogen (Bogen aus Alu-Draht, Bespannung und Pfeil aus Blumendraht) aus Draht formen (Vorlage H5) und dem Engel mit Heißkleber an eine Hand kleben. Ein kleines Herz ist die Pfeilspitze.

4 Ein 40 cm langes Stück Alu-Draht wellig als Bogen formen und locker mit Blumendraht umschlingen. Jeweils am Ende ein Herz aufstecken und festkleben. Die kleinen Herzen verteilt an dem Bogen fixieren.

5 Die Schnur an die Ringschraube des Engels knoten, nach etwa 12 cm den Bogen anknoten und diesen durch Verschieben des Knotens auspendeln. Die letzten zwei Herzen an die Schnur kleben.

TIPP

*Für die kleinen Herzen können auch
Holzstreuteile verwendet werden.*

Schöne Girlande

Material

- Sperrholz, 10 mm,
  12 x 26 cm
- Sperrholz, 3 mm,
  8 x 13 cm
- Alu-Blech, 0,2 mm,
  12 x 16 cm
- Acrylfarben in Weiß,
  Beige, Goldgelb, Schwarz
- Acryl-Glanzlack
  in Aprikose
- Krakelier-Lack
- Moosgummirest
  für Stempel
- 12 Stiftnägel,
  0,8 x 11 mm
- Blumendraht, verzinkt
- Bohrer, 2 mm Ø

Vorlagen J1 – J3

Motivgröße: 10 cm

Anleitung Seite 24

Material

- Sperrholz, 10 mm,
  10 x 14 cm
- Sperrholz, 6 mm,
  7 x 9 cm
- Sperrholz, 3 mm,
  8 x 14 cm
- 1 Stiftnagel, 0,8 x 11 mm
- Acrylfarben in Weiß, Beige,
  Enzianblau, Pastellblau,
  Schwarz
- Krakelier-Lack
- Lackstift in Schwarz
- Blumendraht in Schwarz
- Kleine Zweige
- Zugfeder, 8 mm Ø
- Bohrer, 2 mm Ø

Vorlage K

Motivgröße: 20 cm

Hüpf-Engel

Den Körper nach der Vorlage K aus dem 10-mm-Holz sägen. Arme und Beine aus 6-mm-Holz, den Flügel aus 3-mm-Holz arbeiten. Die Bohrungen ausführen. Alle Teile schmirgeln und entstauben. Den Flügel und die Schürze des Engels in Beige grundieren. Den Krakelier-Lack nach der Anleitung auf Seite 5 auftragen. Alle Teile bemalen. Schriftzug mit Lackstift auftragen. Arme und Beine mit Draht am Körper anbringen. Den Flügel mit dem Stiftnagel (etwas kürzen, Schutzbrille tragen!) am Rücken befestigen. Die Zweige mit einem Stück Draht bündeln und die Enden in die Bohrung am Kopf kleben. Ein längeres Stück Draht als Aufhängung an den Bohrungen des Flügels befestigen. An den Enden der Zugfeder jeweils eine Öse biegen und an einer Seite den Engel einhängen.

Schöne Girlande
Abbildung & Materialangaben Seiten 22/23

Nach den Vorlagen J1 – J3 den Engelkörper und die Sterne aus dem 10-mm-Holz sägen. Die Arme und den Flügel aus 3-mm-Holz arbeiten. Die Bohrungen laut Vorlage ausführen. Alle Teile schmirgeln. Den Flügel in Beige grundieren und den Krakelier-Lack (Seite 5) auftragen. Anschließend hell überstreichen. Sterne und Engel bemalen. Die Haare wie beim Gartenengel anfertigen (Anleitung Seite 10). Zwei Drahtkringel als Stirnlocken unter den Blechstreifen befestigen. Arme und Flügel mit Leim anbringen. Aus dem Blech zwei Sterne (Vorlage J2) ausschneiden und mit Stiftnägeln (etwas kürzen, Schutzbrille tragen!) auf den großen Holzsternen befestigen. Für das Muster Moosgummi, 5 x 5 mm, zuschneiden, eine Stecknadel als Griff einstechen und das Muster aufstempeln (Anleitung Seite 5). Einzelteile laut Foto mit Draht zur Girlande verbinden und an den Seiten Ösen zum Aufhängen aus Draht anbringen.

Material

- Sperrholz, 20 mm, 19 x 29 cm
- Sperrholz, 12 mm, 8 x 13 cm
- 1 Dübel, 6 mm Ø
- 2 Kerzenhalter für Kerzen bis 13 mm Ø
- Jutestoff, 12 x 12 cm
- Acrylfarben in Weiß, Beige, Rot, Schwarz, Gold
- Krakelier-Lack
- Moosgummirest für Stempel
- 1 Stecknadel
- Alu-Draht, 2 mm Ø
- Blumendraht
- Kleine Zweige
- 2 Christbaumkerzen
- Bohrer, 2 mm Ø, 6 mm Ø
- Heißkleber

Vorlagen L1, L2

Motivgröße: 30 cm

1 Den Engel nach der Vorlage L1 aus 20-mm-Holz sägen, die Standfläche nach der Vorlage L2 aus 12-mm-Holz. In Standfläche und Beine mit dem 6-mm-Bohrer für den Dübel vorbohren. Die Bohrungen an Kopf und Händen mit dem 2-mm-Bohrer ausführen. Ebenfalls mit dem 2-mm-Bohrer in die Kerzenhalter seitlich je eine Bohrung arbeiten. Alle Teile schmirgeln und entstauben.

2 Aus dem Jutestoff den Flügel schneiden und ganz-flächig dünn mit Leim bestreichen. Nach dem Trocknen Flügel und Standfläche in Gold bemalen.

3 Das Kleid des Engels beige grundieren, den Krakelier-Lack nach der Anleitung auf Seite 5 auftragen. Anschließend hell übermalen. Aus dem Moosgummi ein Stück von 6 x 6 mm schneiden, die Stecknadel als Griff einstechen und das Muster am Kleidersaum aufstempeln. Engel bemalen.

4 Den Engel mit dem Dübel auf die Standfläche leimen. Alu-Draht, jeweils 2 cm lang, in die Handbohrungen kleben und die Kerzenhalter aufstecken.

5 Die Zweige mit einem Stück Blumendraht bündeln, aus Alu-Draht einen Heiligenschein formen und die Drahtenden von beidem in die Bohrung am Kopf kleben. Den Flügel am Rücken mit Heißkleber anbringen. Kerzen in die Halter stecken.

Murmel-Engel

Material

- Sperrholz, 10 mm, 14 x 22 cm
- Sperrholz, 6 mm, 12 x 14 cm
- Acrylfarben in Weiß, Beige, Himmelblau, Ocker, Schwarz
- Krakelier-Lack
- Moosgummirest für Stempel
- 2 Stiftnägel, 0,8 x 11 mm
- Blumendraht
- Kleine Zweige
- 1 Murmel, 24 mm Ø
- Bohrer, 2 mm Ø
- Heißkleber

Vorlagen M1 – M4

Motivgröße: 14 cm

1 Nach der Vorlage M1 das Beinteil und nach der Vorlage M2 den ganzen Körper und noch einmal extra das untere Körperteil aus 10-mm-Holz sägen. Den Flügel (Vorlage M2) und zwei Füße (Vorlage M3) aus dem 6-mm-Holz arbeiten. Die Bohrung laut Vorlage ausführen. Alle Teile schmirgeln und entstauben.

2 Den Flügel in Beige grundieren, den Krakelier-Lack nach der Anleitung auf Seite 5 auftragen. Anschließend hell übermalen. Den Engel bemalen.

3 Aus dem Moosgummi den Stern nach Vorlage M4 ausschneiden, auf einen kleinen Holzrest (Griff) kleben und das Muster aufstempeln (Anleitung Seite 5).

4 Die Füße mit Stiftnägeln am Beinteil befestigen, dazu die Stiftnägel bis zur Hälfte in das Beinteil einschlagen, die Nagelköpfe abkneifen (Schutzbrille tragen!) und die Füße mit Leim darauf drücken. Das Beinteil vor den Körper kleben, die unteren Kanten sind bündig. Am Rücken des Engels das untere Körperteil und den Flügel ansetzen.

5 Zweige mit einem Stück Draht bündeln und die Drahtenden in die Bohrung am Kopf kleben. Die Murmel mit Heißkleber auf der Hand fixieren.

Engel mit Sternen

Material

- Sperrholz, 20 mm, 30 x 32 cm
- Sperrholz, 10 mm, 10 x 13 cm
- Jutestoff, 15 x 17 cm
- Acrylfarben in Weiß, Gelb, Hellgrün, Moosgrün, Schwarz
- Moosgummirest für den Stempel
- 1 Stecknadel
- Blumendraht in Schwarz
- Kleine Zweige
- 2 Knöpfe in Gelb, 12 mm Ø
- Bohrer, 2 mm Ø
- Heißkleber

Vorlagen N1, N2

Motivgröße: 31 cm

1 Nach der Vorlage N1 den Körper aus dem 20-mm-Holz sägen, dabei den Stern aus dem Körper heraussägen. Zwei Arme (Vorlage N1) und vier Sterne nach Vorlage N2 aus dem 10-mm-Holz sägen.

2 Die Bohrungen laut Vorlage ausführen, jedoch nur eine Hand durchbohren. Alle Teile schmirgeln, entstauben und bemalen.

3 Moosgummi, 6 x 6 mm, zuschneiden und die Stecknadel als Griff einstechen. Das Muster aufstempeln (Anleitung Seite 5).

4 Die Arme mit Draht am Körper befestigen. Den großen Stern mit Draht im Körper fixieren. Auf ein längeres Stück Draht die kleinen Sterne auffädeln, dazwischen einige Spiralen um einen Stift wickeln und an der Hand befestigen. Kleinen Stern aufkleben.

5 Den Jutestoff dünn und ganzflächig mit Leim einstreichen, nach dem Aushärten die Flügelform nach Vorlage N1 ausschneiden und mit Heißkleber am Engel befestigen.

6 Die Zweige mit einem Stück Draht bündeln und die Enden in die Bohrung am Kopf kleben. Die Knöpfe mit Heißkleber befestigen.

TIPP

Dieser Engel kann auch als Türstopper verwendet werden.

Impressum

© 2003
Christophorus Verlag GmbH
Freiburg im Breisgau
Alle Rechte vorbehalten –
Printed in Germany
ISBN 3-419-56534-8

Lektorat:
Gisa Windhüfel, Freiburg

Styling und Fotos:
Christoph Schmotz, Freiburg

Layoutentwurf:
Network!, München

Gesamtproduktion:
art und weise, Merzhausen

Druck:
Freiburger Graphische Betriebe

Wir sind für Sie da, wenn
Sie Fragen haben.
Und wir interessieren uns
für Ihre eigenen Ideen und
Anregungen.
Schreiben Sie uns, wir hören
gern von Ihnen!
Ihr Christophorus-Team

Christophorus-Verlag GmbH
Hermann-Herder-Str. 4
79104 Freiburg

Tel.: 0761/2717-0
Fax: 0761/2717-352

e-mail:
info@christophorus-verlag.de
www.christophorus-verlag.de

Weitere Titel aus dieser Reihe

3-419-56535-6

3-419-56512-7

3-419-56541-0

3-419-56365-5

3-419-56249-7

3-419-56405-8